Du bist ein Gott, der mich sieht.

1. Mose 16,13 (Jahreslosung)*

Januar

W	So	Mo	Di	Mi	Do	Fr	Sa
1	**1**	2	3	4	5	6	7
2	**8**	9	10	11	12	13	14
3	**15**	16	17	18	19	20	21
4	**22**	23	24	25	26	27	28
5	**29**	30	31				

1. Neujahr

 Tana, Norwegen

Du bist ein Gott, der mich sieht. *(Jahreslosung*)*

1. Mose 16,13

Sie heißt Hagar und ist eine Magd Saras, der Frau Abrahams, und bekommt ein Kind von ihrem Dienstherrn. Nein, er hat sie nicht missbraucht, und sie hat ihn nicht verführt. Sara überlässt ihrem Mann Hagar, damit ein Kind gezeugt werden kann. Denn die Ehe ist bisher kinderlos geblieben, obwohl Gott versprochen hatte, Nachkommen zu schenken, so zahlreich wie die Sterne am Himmel. Allerdings kommt es schon während der Schwangerschaft aufgrund der hohen emotionalen Belastung zu Konflikten zwischen Sara und Hagar, und Hagar flieht enttäuscht in die Wüste. Dort sitzt sie bei einer Wasserquelle und niemand kommt ihr entgegen, um sie freundlich zu begrüßen. Nur ein Engel ist ihr gefolgt und spricht sie an: „Du wirst einen Sohn gebären, nenne ihn Ismael, denn er wird zum Stammvater eines großen Volks werden. Und kehre wieder an deine Arbeitsstelle zurück." Sagt es und verschwindet, doch Zuversicht und Entschlossenheit bleiben zurück. Der Engel geht, Gott bleibt. Und sie kann mit ihm reden und ihm danken: „Du bist ein Gott, der mich sieht." Gott sieht Menschen, die in einer Wüste, einem Niemandsland welcher Art auch immer gefangen sind. Gott sieht sie – und hat einen Weg für sie. Das Gebet Hagars macht Mut, sich auf Gott einzulassen.

Foto: Westend61/Valentin Weinhäupl

*) Quelle: ÖAB

Wir sind entkommen wie ein Vogel aus dem Netz des Vogelfängers,
das Netz ist zerrissen – und wir sind frei. *Psalm 124,7*

Februar

W	So	Mo	Di	Mi	Do	Fr	Sa
5				1	2	3	4
6	5	6	7	8	9	10	11
7	12	13	14	15	16	17	18
8	19	20	21	22	23	24	25
9	26	27	28				

Wir sind entkommen wie ein Vogel aus dem Netz des Vogelfängers, das Netz ist zerrissen – und wir sind frei!

Psalm 124,7

Reinhard Mey schrieb vor längerer Zeit einen Liedtext über die Geschichte eines Kanarienvogels, der durch die offene Käfigtür und das ebenfalls geöffnete Fenster den Weg in die Freiheit findet. „Endlich frei", atmet er auf und muss doch erkennen, dass es echte Freiheit nicht wirklich gibt. Nur Kälte, Hunger und Heimatlosigkeit erwarten ihn auf seiner Reise. Der Song endet mit dem Seufzer: „Doch jeder Flügelschlag dahin (in die Freiheit) war's wert." Dieses Lied hat mich berührt, denn es gab auch in meinem Leben Käfige, in denen ich gefangen war und Netze, die über mich geworfen wurden. Hilflos zappelte ich in ihnen und konnte mich nicht selbst befreien, bis ich neu erkannte und erfuhr, dass Jesus Christus Netze zerreißt. Als er am Kreuz rief: „Es ist vollbracht", zerriss der Vorhang im Tempel, der den Weg in das Allerheiligste, in die Gegenwart Gottes versperrt hatte. Und ich musste damals – und muss immer wieder auch heute an die Aussage Jesu denken: „Nur wenn der Sohn euch frei macht, seid ihr wirklich frei." (Johannes 8,36) Mir ist dann, als riefe Jesus mir zu: „Flieg Vogel, flieg, es wird gelingen, hab keine Angst, ich steh dir bei, komm, breite einfach deine Schwingen, in meinen Armen bist du frei." Diesen Weg in die Freiheit wünsche ich Ihnen, liebe Leserin, lieber Leser.

Foto: pixelnest/Getty Images

Dies ist der Tag, den der HERR gemacht hat;
heute wollen wir fröhlich jubeln und unsere Freude haben. *Psalm 118,24*

März

W	So	Mo	Di	Mi	Do	Fr	Sa
9				1	2	3	4
10	**5**	6	7	8	9	10	11
11	**12**	13	14	15	16	17	18
12	**19**	20	21	22	23	24	25
13	**26**	27	28	29	30	31	

Dies ist der Tag, den der Herr gemacht hat;
heute wollen wir fröhlich jubeln und unsere Freude haben.

Psalm 118,24

Ein Tag hat vierundzwanzig Stunden, circa acht davon verschlafen wir, um regenerieren zu können. Leider verschlafen wir manchmal den Rest irgendwie auch, indem wir Zeit einfach nur absitzen oder gedanklich woanders sind. Wir beschäftigen uns dann vielleicht ausschließlich mit der Vergangenheit, die sich natürlich im Licht der Erinnerungen vergoldet, oder unser Blick ist nur auf die Zukunft gerichtet, auf Pläne und Erwartungen, auf Schwierigkeiten und Hindernisse. Wir leben am Heute vorbei und das bedeutet im Klartext: Wir leben, ohne richtig zu leben. Und die Uhren ticken eine Stunde nach der anderen herunter, einen Tag nach dem anderen, ein Jahr nach dem anderen: Tempus fugit! Diesem Dilemma entkommen wir nur, wenn wir uns mit Gott kurzschließen. Nur wenn Licht aus der Ewigkeit in die Zeit fällt, wird jeder Tag zum Fest. Auch wenn er dunkel und trübe daherkommen sollte. Jeder Tag ist dann „der Tag, den der Herr gemacht hat“. Leben wird intensiver und dauert länger, noch besser: Leben hört nie auf. Und dieses Leben macht Freude. Wir genießen einen Sonnenaufgang, einen liebevollen Händedruck und bestaunen Tulpen in der rostigen Gießkanne. Die kann übrigens nur ein Mensch so schön arrangiert haben, der im Heute, im „Tag des Herrn“, lebt: Carpe diem!

Er, unser Retter, hat den Tod entmachtet und hat uns das Leben gebracht, das unvergänglich ist. So sagt es das Evangelium. *2. Timotheus 1,10*

April

W	So	Mo	Di	Mi	Do	Fr	Sa
13							1
14	**2**	3	4	5	6	**7**	8
15	**9**	**10**	11	12	13	14	15
16	**16**	17	18	19	20	21	22
17	**23**	24	25	26	27	28	29
18	**30**						

7. Karfreitag; 9. + 10. Ostern

Schlosspark Putbus, Rügen, Mecklenburg-Vorpommern, Deutschland

Er, unser Retter, hat den Tod entmachtet und hat uns das Leben gebracht, das unvergänglich ist. So sagt es das Evangelium.

2. Timotheus 1,10

Bäume können sehr alt werden. Es ist durchaus möglich, dass sie Generationen von Menschen überdauern. Doch irgendwann sterben auch sie. Unweigerlich. Das ist einfach so. Punkt. Sie sterben, wie wir sterben, wie alles, was lebt, irgendwann stirbt. Punkt. Ausrufezeichen! Nein. Doppelpunkt: „Er, unser Retter, hat den Tod entmachtet". Das feiern wir an Ostern. Am Anfang des Osterfests steht aber immer der Karfreitag. Jesus hat den Tod entmachtet, indem er für uns in den Tod ging. Daran erinnern wir uns zunächst. Wir erinnern uns an sein Leiden und Sterben. Und vielleicht erahnen wir auch, wie abgrundtief traurig die Jünger waren, denn auch sie sahen im Tod nur das letzte dicke Ausrufezeichen. Doch dann kam der helle Ostermorgen. Und die Frauen standen vor einem leeren Grab. Und verbreiteten die Nachricht von der Auferstehung. Und die Jünger riefen sich gegenseitig zu: „Er ist wahrhaftig auferstanden." Und diese Botschaft läuft nun um die Welt. Bis in die letzten Winkel der Traurigkeit. Der Tod ist besiegt. Zwar ist er noch allgegenwärtig und löst unsagbares Leid aus, doch er ist nicht der letzte Punkt, das endgültige Aus, sondern das Tor zum ewigen Leben, zum Leben, das schon jetzt für den Glaubenden im vergehenden Leben wohnt. So sagt es das Evangelium. Punkt.

Was für immer bleibt, sind Glaube, Hoffnung und Liebe, diese drei. Aber am größten von ihnen ist die Liebe. *1. Korinther 13,13*

Mai

W	So	Mo	Di	Mi	Do	Fr	Sa
18		**1**	2	3	4	5	6
19	**7**	8	9	10	11	12	13
20	**14**	15	16	17	**18**	19	20
21	**21**	22	23	24	25	26	27
22	**28**	**29**	30	31			

1. Maifeiertag; 18. Christi Himmelfahrt; 28. + 29. Pfingsten

Was für immer bleibt, sind Glaube, Hoffnung und Liebe, diese drei. Aber am größten von ihnen ist die Liebe.

1. Korinther 13,13

Er wird natürlich nicht lange dort stehen, der kleine Leuchtturm im Dünensand, und das kleine rote Herz auf der Spitze erst recht nicht. Schon bald wird der Wind alles verweht haben, wie er alle Spuren im Sand verweht. Doch was das kleine Bauwerk symbolisiert, wird für immer bleiben: Glaube als Orientierung für Schiffe in Not, das kaum sichtbare Kreuz über dem Erdkreis als Zeichen der Hoffnung und die Liebe ganz oben. Liebe steht auf der menschlichen Wunschliste immer ganz oben. Ohne Liebe lebt man nur mit halber Kraft. Die wunderbaren Eigenschaften der Liebe werden im dreizehnten Kapitel des Briefs an die Gemeinde in Korinth treffend beschrieben. Liebe ist frei von Selbstsucht, lesen wir dort, Liebe wehrt Bitterkeit erfolgreich ab, Liebe kann Böses ertragen, ohne böse zu werden, Liebe zwingt niemanden und ermöglicht Freiräume, Liebe hat einen langen Atem und gibt andere nie auf. Sie kommt, wie sollte es anders sein, von Gott, denn Gott ist das pulsierende Herz der Liebe. Von seiner Liebe profitieren wir. Sie stieg in seinem Sohn Jesus Christus zu uns herab und wird für immer bei uns bleiben, wenn wir uns auf sie eingelassen haben. Diese Liebe baut viele kleine Leuchttürme im Dünensand, die kein Wind verwehen kann.

Bei Gott allein soll meine Seele Ruhe finden,
von ihm kommt meine Hoffnung. Psalm 62,6

Juni

W	So	Mo	Di	Mi	Do	Fr	Sa
22					1	2	3
23	**4**	5	6	7	8	9	10
24	**11**	12	13	14	15	16	17
25	**18**	19	20	21	22	23	24
26	**25**	26	27	28	29	30	

Bei Gott allein soll meine Seele Ruhe finden,
von ihm kommt meine Hoffnung.

Psalm 62,6

Ein gutes Buch, eine Tasse Kaffee, eine Lesebrille und ein kleiner Strauß frisch gepflückter Gänseblümchen. Arrangiert auf dem Brett einer offensichtlich selten genutzten Schaukel. Wer das fotografiert, der hat die Ruhe weg. Er wird gleich die Brille aufsetzen, das Buch zur Hand nehmen und sich auf der Gartenbank nebenan darin vertiefen. Um sich herum wird er alles vergessen und gedruckte Worte werden seine Sinne fesseln. So soll es sein. Doch es fällt nicht immer leicht, einfach abzuschalten und in die Welt eines Buchs abzutauchen. Manchmal schwingt zu vieles in uns nach, bindet Gedanken und Gemüt und lässt Buchstaben vor unseren Augen verschwimmen. Bedenklich wird innere Unruhe, wenn sie sich in der Seele eingenistet hat. Vielleicht als Folge permanenter Reizüberflutung. König David, der Autor des Psalms, wurde ständig angefeindet von Menschen, die ihn vom Thron stürzen wollten. Heute würden wir das als „Mobbing“ bezeichnen. Eine enorme Dauerbelastung für die Seele. Er rettete sich ins Gebet, denn er musste irgendwie überleben. In der Gegenwart Gottes tankte er Ruhe und Zuversicht. Es war seine einzige Chance – und es ist auch unsere einzige Chance, zur Ruhe zu kommen. Ich bin sicher, der Fotograf hat diese Chance genutzt.

Foto: Mauritius Images/Caia Image/Martin Barraud

Text: Erich Remmers

Du zeigst mir den Weg zum Leben. Dort, wo du bist, gibt es Freude in Fülle.

Psalm 16,11

Juli

W	So	Mo	Di	Mi	Do	Fr	Sa
26							1
29	**16**	17	18	19	20	21	22

W	So	Mo	Di	Mi	Do	Fr	Sa
27	**2**	3	4	5	6	7	8
30	**23**	24	25	26	27	28	29

W	So	Mo	Di	Mi	Do	Fr	Sa
28	**9**	10	11	12	13	14	15
31	**30**	31					

 Thulusdhoo Island, Malediven

Du zeigst mir den Weg zum Leben.
Dort, wo du bist, gibt es Freude in Fülle.

Psalm 16,11

Man betrachtet dieses Bild und beginnt, innerlich zu vibrieren. Die Muskulatur der Arme und Beine strafft sich und man würde am liebsten direkt loslegen. Auf eins dieser bunten Bretter springen und sich Wind und Wellen überlassen. Kommt alle mit, Leute, wir wollen die Welt erobern. In uns schlummern enorme Kräfte, heute setzen wir sie frei. Wem gehört eigentlich das nebenan geparkte Zweirad? Wer hat die angelehnten Pflanzen gekauft und wie und wohin wird er sie transportieren? Also, dieses Bild macht echt mobil. Und alles ist total easy und unkompliziert. Wir werden die Pflanzkübel schon irgendwie nach Hause schaukeln, und vom Brett werden wir auch nicht fallen, und wenn doch, dann haben wir Spaß dabei. Klar, es wird nicht immer Sommer sein. Herbststürme werden kommen und den kalten Winter ankündigen. Doch der Frühling steht schon bald wieder vor der Tür und reicht dem nächsten Sommer die Hand. Ja, so kann man das Leben auch sehen. Nein, nicht durch die rosarote Brille der Berufsoptimisten, sondern durch die glasklare Brille des Glaubens an den lebendigen Gott, an den Gott, der unseren Weg in ein bis zum Rand gefülltes Leben ebnet, in ein Leben, das nie enden wird: in ein Leben, das Freude bereitet – sogar im eisigen Winter.

Foto: Westend61/Cavan Images

Zuflucht ist bei dem alten Gott und unter den ewigen Armen.

5. Mose 33,27

August

W	So	Mo	Di	Mi	Do	Fr	Sa
31			1	2	3	4	5
32	**6**	7	8	9	10	11	12
33	**13**	14	15	16	17	18	19
34	**20**	21	22	23	24	25	26
35	**27**	28	29	30	31		

Zuflucht ist bei dem alten Gott und unter den ewigen Armen.

5. Mose 33,27

Zuflucht

Die Panik baut sich auf in Wellen
und trifft mein Herz mit voller Wucht,
durchflutet Kopf und Körperzellen
und löst Impulse aus zur Flucht.

Doch Zweifel, Angst und Sorge krallen
sich fest an Wellenberg und -schlucht:
Ich kann nur noch nach vorne fallen
und suche Zuflucht auf der Flucht

und finde sie in Gottes Armen
und berge mich in dieser Bucht
und weiß, der Vater hat Erbarmen
mit allen Menschen auf der Flucht.

Funkt SOS, Gott wird euch retten,
er bringt Boatpeople in die Bucht
durch Nacht und Wind und Wellenketten:
Bei Ihm ist Zuflucht – auf der Flucht.

Foto: Jenny Sturm/Adobe Stock

Wer von dem Wasser trinkt, das ich ihm geben werde, wird niemals mehr durstig sein. *Johannes 4,14*

September

W	So	Mo	Di	Mi	Do	Fr	Sa
35						1	2
36	**3**	4	5	6	7	8	9
37	**10**	11	12	13	14	15	16
38	**17**	18	19	20	21	22	23
39	**24**	25	26	27	28	29	30

Mototaki-Wasserfall in Nikaho, Präfektur Akita, Japan

Wer von dem Wasser trinkt, das ich ihm geben werde,
wird niemals mehr durstig sein.

Johannes 4,14

Wasser des Lebens

Sie findet kein Glück und keinen Frieden
und ist schon zum fünften Mal geschieden
und ahnt, die Richtung ändert sich nicht:
Der Krug geht zum Brunnen, bis er bricht.

Vielleicht ist er längst schon angeschlagen
und muss doch immer noch Wasser tragen,
denkt sie, und hebt beschattend die Hand
und sieht einen Mann am Brunnenrand.

„Tritt näher, denn du hast Durst nach Leben
und ich kann Wasser des Lebens geben,
das Durst stillt schon nach dem ersten Zug",
sagt der Mann – und sie reicht ihm den Krug

und wird das Wasser des Lebens trinken
und Liebe wird in die Seele sinken,
die Liebe, die aus dem Himmel fließt
und alle Fenster der Sehnsucht schließt.

Foto: nattya3714/Getty Images

Kommt zu mir, ihr alle, die ihr euch plagt und von eurer Last fast erdrückt werdet; ich werde sie euch abnehmen. *Matthäus 11,28*

Oktober

W	So	Mo	Di	Mi	Do	Fr	Sa
40	**1**	2	**3**	4	5	6	7
41	**8**	9	10	11	12	13	14
42	**15**	16	17	18	19	20	21
43	**22**	23	24	25	26	27	28
44	**29**	30	31				

3. Tag der Deutschen Einheit

 Toskana, Italien

Kommt zu mir, ihr alle, die ihr euch plagt und von eurer Last fast erdrückt werdet; ich werde sie euch abnehmen.

Matthäus 11,28

Wer von der ligurischen Küste Italiens ostwärts Richtung Toskana wandert, kommt zunächst gut voran, denn die Gegend ist relativ flach. Doch schon bald reiht sich Hügel an Hügel, die Schritte werden schwerer, der Rucksack beginnt zu drücken, in den Schuhen wachsen Blasen und Schweißperlen bilden sich auf der Stirn. Ähnlich kann sich auch unser Lebenslauf gestalten. Manchmal gehen wir völlig entspannt auf breiten Wegen unserem Ziel entgegen. Dann wieder bauen sich Berge vor uns auf. Und manchmal löst ein Hügel sogar den anderen ab: Auf den Schuldenhügel folgt vielleicht ein Krankheitshügel, dem Schotterhügel unbereinigter Schuld folgt der Hügel der Verbitterung und Resignation. Diese Hügel legen sich auf unsere Seele und auf unser Gemüt. Ihre Last erdrückt uns fast. Wir sehen vielleicht, wie auf dem Bild, im Osten die Strahlen der aufgehenden Sonne, doch wir wissen, dass wir sie nie erreichen werden, denn wie gesagt: Hügel reiht sich an Hügel. „Kommt zu mir alle, die ihr euch plagt", ruft uns Jesus zu. Wenn wir dieser freundlichen Aufforderung folgen, sind wir bei der im Osten aufgehenden Sonne bereits angelangt und können den Rucksack dort abstreifen. Manche Hügel des Lebens bleiben, doch sie erdrücken uns nicht mehr.

Foto: CreativeNature_nl/Getty Images

Denn hier auf der Erde gibt es keinen Ort, der wirklich unsere Heimat wäre und wo wir für immer bleiben könnten. *Hebräer 13,14*

November

W	So	Mo	Di	Mi	Do	Fr	Sa
44				1	2	3	4
45	**5**	6	7	8	9	10	11
46	**12**	13	14	15	16	17	18
47	**19**	20	21	22	23	24	25
48	**26**	27	28	29	30		

 Boltenhagen, Mecklenburg-Vorpommern, Deutschland

Denn hier auf der Erde gibt es keinen Ort, der wirklich unsere Heimat wäre und wo wir für immer bleiben könnten.

Hebräer 13,14

Zu diesem Bild fällt mir wieder ein Lied ein, getextet von Gavin Maurice Sutherland: I am sailing, I am sailing, home again, 'cross the sea, I am sailing, stormy waters, to be near you, to be free. (Ich habe Segel gesetzt, ich bin unterwegs, zurück nach Hause, durch die stürmische See, um DIR nahe zu sein, um frei zu sein.) Unser Bild zeigt Boote im Hafen, sicher vertäut am Steg. Direkt neben verschlossenen Bootshäusern. Ein Bild, das Frieden atmet. Endlich in Sicherheit, endlich frei, frei von Zwängen, von Ängsten und Sorgen. Ich bekomme, wenn ich dieses Bild betrachte, Sehnsucht nach Heimat. Nach einer Heimat, die ich nie mehr verlassen muss, nach einem Hafen, in dem ich für immer vor Anker gehen kann. Diesen Hafen wird es hier auf der Erde nicht geben. Hier bin ich noch unterwegs auf meinem Lebenssegelboot, mal durch spiegelglattes, dann wieder durch stürmisches Wasser. Doch in mir brennt ein Feuer, eine Ahnung vom letzten, absolut sicheren Hafen. Ich werde ihn erreichen und unvorstellbar glücklich sein. Und ich werde den sehen, an den ich glaube. Kommst du mit ins Boot? Dann singen wir die letzte Strophe des Lieds gemeinsam: We are sailing, we are sailing, home again, 'cross the sea, we are sailing, stormy waters, to be near you, oh my Lord, to be free.

Und der Engel sprach: Fürchtet euch nicht! Siehe, ich verkündige euch große Freude, die allem Volk widerfahren wird; denn euch ist heute der Heiland geboren. *Lukas 2,10.11*

Dezember

W	So	Mo	Di	Mi	Do	Fr	Sa
48						1	2
51	**17**	18	19	20	21	22	23

W	So	Mo	Di	Mi	Do	Fr	Sa
49	**3**	4	5	6	7	8	9
52	**24**	**25**	**26**	27	28	29	30

W	So	Mo	Di	Mi	Do	Fr	Sa
50	**10**	11	12	13	14	15	16
1	**31**						

25. + 26. Weihnachten

 Karwendelgebirge, Bayern, Deutschland

Und der Engel sprach: Fürchtet euch nicht!
Siehe, ich verkündige euch große Freude, die allem Volk widerfahren wird; denn euch ist heute der Heiland geboren.

Lukas 2,10.11

So was von antiquiert sind diese Skier oder Schneeschuhe. Den heutigen Ansprüchen würden sie mit Sicherheit nicht mehr genügen. Eigentlich gehören sie ins Museum. Doch irgendjemand hat sie vom Speicher geholt und in den Schnee gestellt. Dort lächeln sie nun den Betrachter an, als würden sie sagen: Schaut her, ich bin ein Beweis für Beständigkeit. Lernt von mir, und werft nicht alles weg. Dieses alte Buch habt ihr ja auch noch nicht weggeworfen. Holt es vom Speicher, staubt es ab, lest Worte, die nie veralten. Oder gehören Sätze wie: „Fürchtet euch nicht" zu einer längst vergangenen Zeit? Gibt es heute keine Gründe mehr, Angst zu haben? Die Frage beantwortet sich von selbst. Nein, die Botschaft von Weihnachten gehört eben nicht ins Museum. Im Gegenteil, sie ist hochaktuell. Es ist die Botschaft der Freude. Jesus ist geboren. Wer an ihn glaubt, kann Ängste erfolgreich bekämpfen und Hoffnung für die Zukunft tanken. Licht leuchtet auf in dunkler Nacht. Verletzungen durch Schuld oder Schicksalsschläge werden behandelt und geheilt, denn der „Heiland" ist da. Diese gute Nachricht soll „allem Volk widerfahren", will sagen: Sie gilt für jeden Menschen, egal, woher er kommt und wo er wohnt. Sie ist Gottes Geschenk an dich. Packe es heute noch aus.

Foto: Westend61/Achim Sass